우리말 천수경

천수경

　천수경은 불공이나 법회의식 등에서 반드시 독송되는 경으로, 불교에 입문하면 제일 먼저 독송하고 외우게 되는 경이 천수경이다. 경의 본래 이름은 '천수천안 관자재보살 광대원만무애대비심 대다라니경'이나 약칭하여 천수경이라 한다. 천수千手는 천수천안千手千眼의 줄임말로 관세음보살을 뜻하는 용어이다. 관세음보살은 중생구제를 위하여 천 개의 손과 천 개의 눈을 갖고 계신 분으로, 끝없는 대비심을 발하여 사바세계 중생들을 고통 속에서 구제하시는 대보살이다.

　천수경은 관세음보살의 찬탄을 주 내용으로 하고 있다. 그 구성을 보면 발원, 귀의, 찬탄, 참회와 대다라니誦呪로 되어있는데, 그 핵심은 신묘장구대다라니에 있다. 그러나 전체 내용을 보면 정토사상과 공사상, 밀교와 반야사상 등을 내포하고 있어, 대승불교의 가르침을 두루 회통하고 있음을 알 수 있다

사경의 목적

　사경은 경전의 뜻을 보다 깊이 이해하려는 목적도 있지만, 부처님의 말씀을 옮겨 쓰는 경건한 수행을 통해 자기의 신심信心과 원력을 부처님의 말씀과 일체화시켜서 신앙의 힘을 키워나가는데 더 큰 목적이 있다.

　조용히 호흡을 가다듬고 부처님의 말씀을 마음으로 되새기며, 정신을 집중하여 사경에 임하다 보면 자신도 모르는 사이에 사경삼매에 들게 된다. 또한 심신心身이 청정해져 부처님의 마음과 통하게 되니, 부처님의 지혜의 빛과 자비광명이 우리의 마음속 깊이 스며들어 온다.

　그러면 몸과 마음이 안락과 행복을 느끼면서 내 주변의 모든 존재에 대한 자비심이 일어나니, 사경의 공덕은 이렇듯 그 자리에서 이익을 가져온다.

사경하는 마음

경전에 표기된 글자는 단순한 문자가 아니라 부처님께서 깨달은 진리라는 상징성을 갖고 있다. 경전의 글자 하나하나가 중생구제를 서원하신 부처님의 마음이며, 중생을 진리의 길로 인도하는 지침인 것이다.

예로부터 사경을 하며 1자3배의 정성을 기울인 것도 경전의 한 글자 한 글자에 부처님이 함께하신다고 생각했기 때문이다. 사경이 수행인 동시에 기도의 일환으로 불자들에게 널리 행해지는 까닭이 여기에 있다.

사경은 부처님의 가르침과 함께하는 시간이며 부처님과 함께하는 시간이다. 부처님의 말씀을 가슴으로 받아들이고 마음으로 찬탄하며 진실로 기쁘게 환희로워야 하는 시간인 것이다.

따라서 사경은 가장 청정한 마음으로 임해야 한다.

사경의 공덕

❀ 마음이 안정되고 평화로워져 미소가 떠나질 않는다.

❀ 부처님을 믿는 마음이 더욱 굳건해진다.

❀ 번뇌 망상, 어리석은 마음이 사라지고 지혜가 증장한다.

❀ 생업이 더욱 번창한다.

❀ 좋은 인연을 만나고 착한 선과가 날로 더해진다.

❀ 업장이 소멸되며 소원한 바가 반드시 이루어진다.

❀ 불보살님과 천지신명이 보호해 주신다.

❀ 각종 질환이나 재난, 구설수 등 현실의 고苦를 소멸시킨다.

❀ 선망조상이 왕생극락하고 원결 맺은 다겁생의 영가들이
  이고득락離苦得樂한다.

❀ 가정이 화목하고 자손들의 앞길이 밝게 열린다.

사경하는 절차

1. 몸을 깨끗이 하고 옷차림을 단정히 한다.

2. 사경할 준비를 갖춘다.(사경상, 좌복, 필기도구 등)

3. 삼배 후, 의식문이 있으면 의식문을 염송한다.

4. 좌복 위에 단정히 앉아 마음을 고요히 한다.

   (잠시 입정하면 더욱 좋다.)

5. 붓이나 펜으로 한 자 한 자 정성스럽게 사경을 시작한다.

6. 사경이 끝나면 사경 발원문을 염송한다.

7. 삼배로 의식을 마친다.

◆ 기도를 더 하고 싶을 때에는 사경이 끝난 뒤, 경전 독송이나
  108배 참회기도, 또는 그날 사경한 내용을 참구하는 명상 시간을
  갖는 것도 좋다.

◆ 사경에 사용하는 붓이나 펜은 사경 이외의 다른 용도에 사용하지
  않도록 한다.

◆ 완성된 사경은 집안에서 가장 정갈한 곳(혹은 높은 곳)에 보관하거나,
  경건하게 소각시킨다.

발 원 문

년   월   일

우리말 천수경(千手經)

천수경(千手經)

정구업진언(淨口業眞言)

『수리수리 마하수리 수수리 사바하』(3편)

오방내외안위제신진언(五方內外安慰諸神眞言)

『나무 사만다 못다남 옴 도로 도로 지미

사바하』(3편)

개경게(開經偈)

위없이	심히깊은	미묘한법을
백천만겁	지난들	어찌만나리
제가이제	보고듣고	받아지니니
부처님의	진실한뜻	알아지이다.

개법장진언 (開法藏眞言)

『옴 아라남 아라다』(3편)

천수천안 관음보살 광대하고 원만하며

걸림없는 대비심의 다라니를 청하옵니다.

자비로운 관세음께 절하옵나니

크신원력 원만상호 갖추시옵고

천손으로 중생들을 거두시오며

천눈으로 광명비춰 두루살피네.

진실하온 말씀중에 다라니펴고

함이없는 마음중에 자비심내어

온갖소원 지체없이 이뤄주시고

모든죄업 길이길이 없애주시네.

천룡들과 성현들이 옹호하시고

백천삼매 한순간에 이루어지니

이다라니 지닌몸은 광명당이요

이다라니 지닌마음 신통장이라

모든번뇌 씻어내고 고해를건너

보리도의 방편문을 얻게되오며

제가이제 지송하고 귀의하오니

온갖소원 마음따라 이뤄지이다.

자비하신 관세음께 귀의하오니

일체법을 어서속히 알아지이다.

자비하신 관세음께 귀의하오니

지혜의눈 어서어서 얻어지이다.

자비하신 관세음께 귀의하오니

모든중생 어서속히 건네지이다.

자비하신 관세음께 귀의하오니

좋은방편 어서어서 얻어지이다.

자비하신 관세음께 귀의하오니

지혜의배 어서속히 올라지이다.

자비하신 관세음께 귀의하오니

고통바다 어서어서 건너지이다.

자비하신 관세음께 귀의하오니

계정혜를 어서속히 얻어지이다.

자비하신 관세음께 귀의하오니

열반언덕 어서어서 올라지이다.

자비하신 관세음께 귀의하오니

무위집에 어서속히 들어지이다.

자비하신 관세음께 귀의하오니

진리의몸 어서어서 이뤄지이다.

칼산지옥 제가가면 칼산절로 꺾여지고

화탕지옥 제가가면 화탕절로 사라지며

지옥세계 제가가면 지옥절로 없어지고

아귀세계 제가가면 아귀절로 배부르며

수라세계 제가가면 악한마음 선해지고

축생세계 제가가면 지혜절로 얻어지이다.

나무 관세음보살마하살

나무 대세지보살마하살

나무 천수보살마하살

나무 여의륜보살마하살

나무 대륜보살마하살

나무 관자재보살마하살

나무 정취보살마하살

나무 만월보살마하살

나무 수월보살마하살

나무 군다리보살마하살

나무 십일면보살마하살

나무 제대보살마하살

『나무 본사아미타불』(3편)

신묘장구 대다라니 (神妙章句大陀羅尼)

나모 라다나 다라야야 나막알약 바로기제 새

바라야 모지사다바야 마하사다바야 마하가

로 니가야 옴 살바 바예수 다라나 가라야 다

사명 나막 까리다바 이맘알야 바로기제 새바

라 다바 니라간타 나막하리나야 마발다 이사

미 살발타 사다남 수반아예염 살바보다남 바

바마라 미수다감 다냐타 옴 아로계 아로가

마지로가 지가란제 혜혜하례 마하모지 사다

바 사마라 사마라 하리나야 구로구로 갈마

사다야 사다야 도로도로 미연제 마하미연제

다라다라 다린 나례 새바라 자라자라 마라미

마라 아마라 몰제예혜혜 로계새바라 라아 미

사미 나사야 나베사미사미 나사야 모하자라

미사미 나사야 호로호로 마라호로 하례 바나

마나바 사라사라 시리시리 소로소로 못쟈못

쟈 모다야 모다야 매다리야 니라간타 가마사

날사남 바라하라나야 마낙 사바하 싯다야 사

바하 마하싯다야 사바하 싯다유예 새바라야

사바하 니라간타야 사바하 바라하 목카싱하

목카야 사바하 바나마 하따야 사바하 자가라

욕다야 사바하 상카섭나네 모다나야 사바하

마하라 구타다라야 사바하 바마사간타 이사

시체다 가릿나 이나야 사바하 먀가라 잘마니

바 사나야 사바하

『나모라 다나다라 야야 나막알야 바로기제

새바라야 사바하』

사방찬 (四方讚)-독송은 하지 않음.

동방에 물뿌리니 도량이맑고

남방에 물뿌리니 청량얻으며

서방에 물뿌리니 정토이루고

북방에 물뿌리니 평안해지네.

도량찬 (道場讚)-독송은 하지 않음.

온도량이 청정하여 티끌없으니

삼보천룡 이도량에 강림하시네

제가이제 묘한진언 외우옵나니

대자대비 베푸시어 가호하소서.

참회게 (懺悔偈)-독송은 하지 않음.

지난세월 제가지은 모든악업은

옛적부터 탐진치로 말미암아서

몸과말과 생각으로 지었사오니

제가이제 모든죄업 참회합니다.

참제업장십이존불(懺除業障十二尊佛)독송은 하지 않음.

나무 참제업장 보승장불

보광왕 화렴조불

일체향화 자재력왕불

백억항하사 결정불

진위덕불

금강견강 소복괴산불

보광월전 묘음존왕불

환희장마니 보적불

무진향 승왕불

사자월불

환희장엄 주왕불

제보당마니 승광불

십악참회(十惡懺悔)독송은 하지 않음.

살생으로 지은죄업 참회합니다.

도둑질로 지은죄업 참회합니다.

사음으로 지은죄업 참회합니다.

거짓말로 지은죄업 참회합니다.

꾸민말로 지은죄업 참회합니다.

이간질로 지은죄업 참회합니다.

악한말로 지은죄업 참회합니다.

탐욕으로 지은죄업 참회합니다.

성냄으로 지은죄업 참회합니다.

어리석어 지은죄업 참회합니다.

오랜세월 쌓인죄업 한생각에 없어지니

마른풀이 타버리듯 남김없이 사라지네.

죄의자성 본래없어 마음따라 일어나니

마음이 사라지면 죄도함께 없어지네.

모든죄가 없어지고 마음조차 사라져서

죄와마음 공해지면 진실한 참회라네

참회진언 (懺悔眞言)

『옴 살바 못자모지 사다야 사바하』(3편)

준제찬 독송은 하지 않음.

준제주는 모든공덕 보고이어라

고요한   마음으로   항상외우면

이세상   온갖재난   침범못하리

하늘이나   사람이나   모든중생이

부처님과   다름없는   복을받으니

이와같은   여의주를   지니는이는

결정코   최상의법   이루오리라.

『나무 칠구지불모대준제보살』(3편)

정법계진언 (淨法界眞言)

『옴 람』(3편)

호신진언 (護身眞言)

『옴 치림』(3편)

관세음보살 본심미묘

육자대명왕진언 (觀世音菩薩本心微妙六字大明王眞言)

『옴 마니 반메 훔』(3편)

준제진언 (准提眞言)

나무 사다남 삼먁삼못다 구치남 다냐타

『옴 자례주례 준제 사바하 부림』(3편)

준제발원 (准提發願) - 독송은 하지 않음.

제가이제	준제주를	지송하오니
보리심을	발하오며	큰원세우고
선정지혜	어서속히	밝아지오며
모든공덕	남김없이	성취하옵고
수승한복	두루두루	장엄하오며
모든중생	깨달음을	이뤄지이다.

여래십대발원문 (如來十大發願文)

원하오니	삼악도를	길이여의고
탐진치	삼독심을	속히끊으며
불법승	삼보이름	항상듣고서
계정혜	삼학도를	힘써닦으며
부처님을	따라서	항상배우고
원컨대	보리심에	항상머물며
결정코	극락세계	가서태어나
아미타	부처님을	친견하옵고
온세계	모든국토	몸을나투어

모든중생   빠짐없이   건져지이다.

발사홍서원 (發四弘誓願)

가없는 중생을 건지오리다.

끝없는 번뇌를 끊으오리다.

한없는 법문을 배우오리다.

위없는 불도를 이루오리다.

자성의 중생을 건지오리다.

자성의 번뇌를 끊으오리다.

자성의 법문을 배우오리다.

자성의 불도를 이루오리다.

제가 이제 삼보님께 귀명합니다.

시방세계 부처님께 귀명합니다.

시방세계 가르침에 귀명합니다.

시방세계 스님들께 귀명합니다.

불기 25 년   월   일   사경

우리말 천수경(千手經)

천수경(千手經)

정구업진언(淨口業眞言)

『수리수리 마하수리 수수리 사바하』(3편)

오방내외안위제신진언(五方內外安慰諸神眞言)

『나무 사만다 못다남 옴 도로 도로 지미

사바하』(3편)

개경게(開經偈)

위없이	심히깊은	미묘한법을
백천만겁	지난들	어찌만나리
제가이제	보고듣고	받아지니니
부처님의	진실한뜻	알아지이다.

개법장진언(開法藏眞言)

『옴 아라남 아라다』(3편)

천수천안 관음보살 광대하고 원만하며

걸림없는 대비심의 다라니를 청하옵니다.

자비로운 관세음께 절하옵나니

크신원력 원만상호 갖추시옵고

천손으로 중생들을 거두시오며

천눈으로 광명비춰 두루살피네.

진실하온 말씀중에 다라니펴고

함이없는 마음중에 자비심내어

온갖소원 지체없이 이뤄주시고

모든죄업 길이길이 없애주시네.

천룡들과 성현들이 옹호하시고

백천삼매 한순간에 이루어지니

이다라니 지닌몸은 광명당이요

이다라니 지닌마음 신통장이라

모든번뇌 씻어내고 고해를건너

보리도의 방편문을 얻게되오며

제가이제 지송하고 귀의하오니

온갖소원 마음따라 이뤄지이다.

자비하신 관세음께 귀의하오니

일체법을 어서속히 알아지이다.

자비하신 관세음께 귀의하오니

지혜의눈 어서어서 얻어지이다.

자비하신 관세음께 귀의하오니

모든중생 어서속히 건네지이다.

자비하신 관세음께 귀의하오니

좋은방편 어서어서 얻어지이다.

자비하신 관세음께 귀의하오니

지혜의배 어서속히 올라지이다.

자비하신 관세음께 귀의하오니

고통바다 어서어서 건너지이다.

자비하신 관세음께 귀의하오니

계정혜를 어서속히 얻어지이다.

자비하신 관세음께 귀의하오니

열반언덕 어서어서 올라지이다.

자비하신 관세음께 귀의하오니

무위집에 어서속히 들어지이다.

자비하신 관세음께 귀의하오니

진리의몸 어서어서 이뤄지이다.

칼산지옥 제가가면 칼산절로 꺾여지고

화탕지옥 제가가면 화탕절로 사라지며

지옥세계 제가가면 지옥절로 없어지고

아귀세계 제가가면 아귀절로 배부르며

수라세계 제가가면 악한마음 선해지고

축생세계 제가가면 지혜절로 얻어지이다.

나무 관세음보살마하살

나무 대세지보살마하살

나무 천수보살마하살

나무 여의륜보살마하살

나무 대륜보살마하살

나무 관자재보살마하살

나무 정취보살마하살

나무 만월보살마하살

나무 수월보살마하살

나무 군다리보살마하살

나무 십일면보살마하살

나무 제대보살마하살

『나무 본사아미타불』(3편)

신묘장구 대다라니 (神妙章句大陀羅尼)

나모 라다나 다라야야 나막알약 바로기제 새

바라야 모지사다바야 마하사다바야 마하가

로 니가야 옴 살바 바예수 다라나 가라야 다

사명 나막 까리다바 이맘알야 바로기제 새바

라 다바 니라간타 나막하리나야 마발다 이사

미 살발타 사다남 수반아예염 살바보다남 바

바마라 미수다감 다냐타 옴 아로계 아로가

마지로가 지가란제 혜혜하례 마하모지 사다

바 사마라 사마라 하리나야 구로구로 갈마

사다야 사다야 도로도로 미연제 마하미연제

다리다리 다린 니례 새바라 자라자라 마라미

마라 아마라 몰제예혜혜 로계새바라 라아 미

사미 나사야 나베사미사미 나사야 모하자리

미사미 나사야 호로호로 마라호로 하례 바나

마나바 사라사라 시리시리 소로소로 못쟈못

쟈 모다야 모다야 매다리야 니라간타 가마사

날사남 바라하리나야 마낙 사바하 싯다야 사

바하 마하싯다야 사바하 싯다유예 새바라야

사바하 니라간타야 사바하 바라하 목카싱하

목카야 사바하 바나마 하따야 사바하 자가라

욱다야 사바하 상카섭나네 모다나야 사바하

마하라 구타다라야 사바하 바마사간타 이사

시체다 가릿나 이나야 사바하 먀가라 잘마니

바 사나야 사바하

『나모라 다나다라 야야 나막알야 바로기제

새바라야 사바하』

사방찬 (四方讚)-독송은 하지 않음.

동방에 물뿌리니 도량이맑고

남방에 물뿌리니 청량얻으며

서방에 물뿌리니 정토이루고

북방에 물뿌리니 평안해지네.

도량찬 (道場讚)-독송은 하지 않음.

온도량이 청정하여 티끌없으니

삼보천룡 이도량에 강림하시네

제가이제 묘한진언 외우옵나니

대자대비 베푸시어 가호하소서.

참회게 (懺悔偈)-독송은 하지 않음.

지난세월 제가지은 모든악업은

옛적부터 탐진치로 말미암아서

몸과말과 생각으로 지었사오니

제가이제 모든죄업 참회합니다.

참제업장십이존불(懺除業障十二尊佛) 독송은 하지 않음.

나무 참제업장 보승장불

보광왕 화렴조불

일체향화 자재력왕불

백억항하사 결정불

진위덕불

금강견강 소복괴산불

보광월전 묘음존왕불

환희장마니 보적불

무진향 승왕불

사자월불

환희장엄 주왕불

제보당마니 승광불

십악참회(十惡懺悔) 독송은 하지 않음.

살생으로 지은죄업 참회합니다.

도둑질로 지은죄업 참회합니다.

사음으로 지은죄업 참회합니다.

거짓말로 지은죄업 참회합니다.

꾸민말로 지은죄업 참회합니다.

이간질로 지은죄업 참회합니다.

악한말로 지은죄업 참회합니다.

탐욕으로 지은죄업 참회합니다.

성냄으로 지은죄업 참회합니다.

어리석어 지은죄업 참회합니다.

오랜세월 쌓인죄업 한생각에 없어지니

마른풀이 타버리듯 남김없이 사라지네.

죄의자성 본래없어 마음따라 일어나니

마음이 사라지면 죄도함께 없어지네.

모든죄가 없어지고 마음조차 사라져서

죄와마음 공해지면 진실한 참회라네

참회진언 (懺悔眞言)

『옴 살바 못자모지 사다야 사바하』(3편)

준제찬 독송은 하지 않음.

준제주는 모든공덕 보고이어라

고요한	마음으로	항상외우면
이세상	온갖재난	침범못하리
하늘이나	사람이나	모든중생이
부처님과	다름없는	복을받으니
이와같은	여의주를	지니는이는
결정코	최상의법	이루오리라.

『나무 칠구지불모대준제보살』(3편)

정법계진언 (淨法界眞言)

『옴 람』(3편)

호신진언 (護身眞言)

『옴 치림』(3편)

관세음보살 본심미묘

육자대명왕진언 (觀世音菩薩本心微妙六字大明王眞言)

『옴 마니 반메 훔』(3편)

준제진언 (准提眞言)

나무 사다남 삼먁삼못다 구치남 다냐타

『옴 자례주례 준제 사바하 부림』(3편)

준제발원 (准提發願)-독송은 하지 않음.

제가이제	준제주를	지송하오니
보리심을	발하오며	큰원세우고
선정지혜	어서속히	밝아지오며
모든공덕	남김없이	성취하옵고
수승한복	두루두루	장엄하오며
모든중생	깨달음을	이뤄지이다.

여래십대발원문 (如來十大發願文)

원하오니	삼악도를	길이여의고
탐진치	삼독심을	속히끊으며
불법승	삼보이름	항상듣고서
계정혜	삼학도를	힘써닦으며
부처님을	따라서	항상배우고
원컨대	보리심에	항상머물며
결정코	극락세계	가서태어나
아미타	부처님을	친견하옵고
온세계	모든국토	몸을나투어

모든중생 빠짐없이 건져지이다.

발사홍서원 (發四弘誓願)

가없는 중생을 건지오리다.

끝없는 번뇌를 끊으오리다.

한없는 법문을 배우오리다.

위없는 불도를 이루오리다.

자성의 중생을 건지오리다.

자성의 번뇌를 끊으오리다.

자성의 법문을 배우오리다.

자성의 불도를 이루오리다.

제가 이제 삼보님께 귀명합니다.

시방세계 부처님께 귀명합니다.

시방세계 가르침에 귀명합니다.

시방세계 스님들께 귀명합니다.

불기 25 년 월 일   사경

우리말 천수경(千手經)

천수경 (千手經)

정구업진언 (淨口業眞言)

『수리수리 마하수리 수수리 사바하』(3편)

오방내외안위제신진언 (五方內外安慰諸神眞言)

『나무 사만다 못다남 옴 도로 도로 지미

사바하』(3편)

개경게 (開經偈)

위없이   심히깊은   미묘한법을

백천만겁   지난들   어찌만나리

제가이제   보고듣고   받아지니니

부처님의   진실한뜻   알아지이다.

개법장진언 (開法藏眞言)

『옴 아라남 아라다』 (3편)

천수천안 관음보살 광대하고 원만하며

걸림없는 대비심의 다라니를 청하옵니다.

자비로운 관세음께 절하옵나니

크신원력 원만상호 갖추시옵고

천손으로 중생들을 거두시오며

천눈으로 광명비춰 두루살피네.

진실하온 말씀중에 다라니펴고

함이없는 마음중에 자비심내어

온갖소원 지체없이 이뤄주시고

모든죄업 길이길이 없애주시네.

천룡들과 성현들이 옹호하시고

백천삼매 한순간에 이루어지니

이다라니 지닌몸은 광명당이요

이다라니 지닌마음 신통장이라

모든번뇌 씻어내고 고해를건너

보리도의 방편문을 얻게되오며

제가이제 지송하고 귀의하오니

온갖소원 마음따라 이뤄지이다.

자비하신 관세음께 귀의하오니

일체법을 어서속히 알아지이다.

자비하신 관세음께 귀의하오니

지혜의눈 어서어서 얻어지이다.

자비하신 관세음께 귀의하오니

모든중생 어서속히 건네지이다.

자비하신 관세음께 귀의하오니

좋은방편 어서어서 얻어지이다.

자비하신 관세음께 귀의하오니

지혜의배 어서속히 올라지이다.

자비하신 관세음께 귀의하오니

고통바다 어서어서 건너지이다.

자비하신 관세음께 귀의하오니

계정혜를 어서속히 얻어지이다.

자비하신 관세음께 귀의하오니

열반언덕 어서어서 올라지이다.

자비하신 관세음께 귀의하오니

무위집에 어서속히 들어지이다.

자비하신 관세음께 귀의하오니

진리의몸 어서어서 이뤄지이다.

칼산지옥 제가가면 칼산절로 꺾여지고

화탕지옥 제가가면 화탕절로 사라지며

지옥세계 제가가면 지옥절로 없어지고

아귀세계 제가가면 아귀절로 배부르며

수라세계 제가가면 악한마음 선해지고

축생세계 제가가면 지혜절로 얻어지이다.

나무 관세음보살마하살

나무 대세지보살마하살

나무 천수보살마하살

나무 여의륜보살마하살

나무 대륜보살마하살

나무 관자재 보살마하살

나무 정취 보살마하살

나무 만월 보살마하살

나무 수월 보살마하살

나무 군다리 보살마하살

나무 십일면 보살마하살

나무 제대 보살마하살

『나무 본사아미타불』(3편)

신묘장구 대다라니 (神妙章句大陀羅尼)

나모 라다나 다라야야 나막알약 바로기제 새

바라야 모지사다바야 마하사다바야 마하가

로 니가야 옴 살바 바예수 다라나 가라야 다

사명 나막 까리다바 이맘알야 바로기제 새바

라 다바 니라간타 나막하리나야 마발다 이사

미 살발타 사다남 수반아예염 살바보다남 바

바마라 미수다감 다냐타 옴 아로계 아로가

마지로가 지가란제 혜혜하례 마하모지 사다

바 사마라 사마라 하리나야 구로구로 갈마

사다야 사다야 도로도로 미연제 마하미연제

다라다라 다린 니례 새바라 자라자라 마라미

마라 아마라 몰제예혜혜 로계새바라 라아 미

사미 나사야 나베사미사미 나사야 모하자라

미사미 나사야 호로호로 마라호로 하례 바나

마나바 사라사라 시리시리 소로소로 못쟈못

쟈 모다야 모다야 매다리야 니라간타 가마사

날사남 바라하리나야 마낙 사바하 싯다야 사

바하 마하싯다야 사바하 싯다유예 새바라야

사바하 니라간타야 사바하 바라하 목카싱하

목카야 사바하 바나마 하따야 사바하 자가라

욕다야 사바하 상카섭나네 모다나야 사바하

마하라 구타다리야 사바하 바마사간타 이사

시체다 가릿나 이나야 사바하 먀가라 잘마니

바 사나야 사바하

『나모라 다나다라 야야 나막알야 바로기제

새바라야 사바하』

사방찬 (四方讚)-독송은 하지 않음.

동방에 물뿌리니 도량이맑고

남방에 물뿌리니 청량얻으며

서방에 물뿌리니 정토이루고

북방에 물뿌리니 평안해지네.

도량찬 (道場讚)-독송은 하지 않음.

온도량이 청정하여 티끌없으니

삼보천룡 이도량에 강림하시네

제가이제 묘한진언 외우옵나니

대자대비 베푸시어 가호하소서.

참회게 (懺悔偈)-독송은 하지 않음.

지난세월 제가지은 모든악업은

옛적부터 탐진치로 말미암아서

몸과말과 생각으로 지었사오니

제가이제 모든죄업 참회합니다.

참제업장십이존불(懺除業障十二尊佛)독송은 하지 않음.

나무 참제업장 보승장불

보광왕 화렴조불

일체향화 자재력왕불

백억항하사 결정불

진위덕불

금강견강 소복괴산불

보광월전 묘음존왕불

환희장마니 보적불

무진향 승왕불

사자월불

환희장엄 주왕불

제보당마니 승광불

십악참회 (十惡懺悔)독송은 하지 않음.

살생으로 지은죄업 참회합니다.

도둑질로 지은죄업 참회합니다.

사음으로 지은죄업 참회합니다.

거짓말로 지은죄업 참회합니다.

꾸민말로 지은죄업 참회합니다.

이간질로 지은죄업 참회합니다.

악한말로 지은죄업 참회합니다.

탐욕으로 지은죄업 참회합니다.

성냄으로 지은죄업 참회합니다.

어리석어 지은죄업 참회합니다.

오랜세월 쌓인죄업 한생각에 없어지니

마른풀이 타버리듯 남김없이 사라지네.

죄의자성 본래없어 마음따라 일어나니

마음이 사라지면 죄도함께 없어지네.

모든죄가 없어지고 마음조차 사라져서

죄와마음 공해지면 진실한 참회라네

참회진언 (懺悔眞言)

『옴 살바 못자모지 사다야 사바하』(3편)

준제찬 독송은 하지 않음

준제주는 모든공덕 보고이어라

고요한	마음으로	항상외우면
이세상	온갖재난	침범못하리
하늘이나	사람이나	모든중생이
부처님과	다름없는	복을받으니
이와같은	여의주를	지니는이는
결정코	최상의법	이루오리라.

『나무 칠구지불모대준제보살』(3편)

정법계진언 (淨法界眞言)

『옴 람』(3편)

호신진언 (護身眞言)

『옴 치림』(3편)

관세음보살 본심미묘

육자대명왕진언 (觀世音菩薩本心微妙六字大明王眞言)

『옴 마니 반메 훔』(3편)

준제진언 (准提眞言)

나무 사다남 삼먁삼못다 구치남 다냐타

『옴 자례주례 준제 사바하 부림』(3편)

준제발원 (准提發願)-독송은 하지 않음.

제가이제	준제주를	지송하오니
보리심을	발하오며	큰원세우고
선정지혜	어서속히	밝아지오며
모든공덕	남김없이	성취하옵고
수승한복	두루두루	장엄하오며
모든중생	깨달음을	이뤄지이다.

여래십대발원문 (如來十大發願文)

원하오니	삼악도를	길이여의고
탐진치	삼독심을	속히끊으며
불법승	삼보이름	항상듣고서
계정혜	삼학도를	힘써닦으며
부처님을	따라서	항상배우고
원컨대	보리심에	항상머물며
결정코	극락세계	가서태어나
아미타	부처님을	친견하옵고
온세계	모든국토	몸을나투어

모든중생　빠짐없이　건져지이다.

발사홍서원 (發四弘誓願)

가없는 중생을 건지오리다.

끝없는 번뇌를 끊으오리다.

한없는 법문을 배우오리다.

위없는 불도를 이루오리다.

자성의 중생을 건지오리다.

자성의 번뇌를 끊으오리다.

자성의 법문을 배우오리다.

자성의 불도를 이루오리다.

제가 이제 삼보님께 귀명합니다.

시방세계 부처님께 귀명합니다.

시방세계 가르침에 귀명합니다.

시방세계 스님들께 귀명합니다.

불기 25 년 월 일　　　사경

우리말 천수경(千手經)

천수경 (千手經)

정구업진언 (淨口業眞言)

『수리수리 마하수리 수수리 사바하』(3편)

오방내외안위제신진언 (五方內外安慰諸神眞言)

『나무 사만다 못다남 옴 도로 도로 지미

사바하』(3편)

개경게 (開經偈)

위없이	심히깊은	미묘한법을
백천만겁	지난들	어찌만나리
제가이제	보고듣고	받아지니니
부처님의	진실한뜻	알아지이다.

개법장진언 (開法藏眞言)

『옴 아라남 아라다』(3편)

천수천안 관음보살 광대하고 원만하며

걸림없는 대비심의 다라니를 청하옵니다.

자비로운 관세음께 절하옵나니

크신원력 원만상호 갖추시옵고

천손으로 중생들을 거두시오며

천눈으로 광명비춰 두루살피네.

진실하온 말씀중에 다라니펴고

함이없는 마음중에 자비심내어

온갖소원 지체없이 이뤄주시고

모든죄업 길이길이 없애주시네.

천룡들과 성현들이 옹호하시고

백천삼매 한순간에 이루어지니

이다라니 지닌몸은 광명당이요

이다라니 지닌마음 신통장이라

모든번뇌 씻어내고 고해를건너

보리도의 방편문을 얻게되오며

제가이제 지송하고 귀의하오니

온갖소원 마음따라 이뤄지이다.

자비하신 관세음께 귀의하오니

일체법을 어서속히 알아지이다.

자비하신 관세음께 귀의하오니

지혜의눈 어서어서 얻어지이다.

자비하신 관세음께 귀의하오니

모든중생 어서속히 건네지이다.

자비하신 관세음께 귀의하오니

좋은방편 어서어서 얻어지이다.

자비하신 관세음께 귀의하오니

지혜의배 어서속히 올라지이다.

자비하신 관세음께 귀의하오니

고통바다 어서어서 건너지이다.

자비하신 관세음께 귀의하오니

계정혜를 어서속히 얻어지이다.

자비하신 관세음께 귀의하오니

열반언덕 어서어서 올라지이다.

자비하신 관세음께 귀의하오니

무위집에 어서속히 들어지이다.

자비하신 관세음께 귀의하오니

진리의몸 어서어서 이뤄지이다.

칼산지옥 제가가면 칼산절로 꺾여지고

화탕지옥 제가가면 화탕절로 사라지며

지옥세계 제가가면 지옥절로 없어지고

아귀세계 제가가면 아귀절로 배부르며

수라세계 제가가면 악한마음 선해지고

축생세계 제가가면 지혜절로 얻어지이다.

나무 관세음보살마하살

나무 대세지보살마하살

나무 천수보살마하살

나무 여의륜보살마하살

나무 대륜보살마하살

나무 관자재보살마하살

나무 정취보살마하살

나무 만월보살마하살

나무 수월보살마하살

나무 군다리보살마하살

나무 십일면보살마하살

나무 제대보살마하살

『나무 본사아미타불』(3편)

신묘장구 대다라니 (神妙章句大陀羅尼)

나모 라다나 다라야야 나막알약 바로기제 새

바라야 모지사다바야 마하사다바야 마하가

로 니가야 옴 살바 바예수 다라나 가라야 다

사명 나막 까리다바 이맘알야 바로기제 새바

라 다바 니라간타 나막하리나야 마발다 이사

미 살발타 사다남 수반아예염 살바보다남 바

바마라 미수다감 다냐타 옴 아로계 아로가

마지로가 지가란제 혜혜하례 마하모지 사다

바 사마라 사마라 하리나야 구로구로 갈마

사다야 사다야 도로도로 미연제 마하미연제

다라다라 다린 나례 새바라 자라자라 마라미

마라 아마라 몰제예혜혜 로계새바라 라아 미

사미 나사야 나베사미사미 나사야 모하자라

미사미 나사야 호로호로 마라호로 하례 바나

마나바 사라사라 시리시리 소로소로 못쟈못

쟈 모다야 모다야 매다리야 니라간타 가마사

날사남 바라하라나야 마낙 사바하 싯다야 사

바하 마하싯다야 사바하 싯다유예 새바라야

사바하 니라간타야 사바하 바라하 목카싱하

목카야 사바하 바나마 하따야 사바하 자가라

욕다야 사바하 상카섭나네 모다나야 사바하

마하라 구타다리야 사바하 바마사간타 이사

시체다 가릿나 이나야 사바하 먀가라 잘마니

바 사나야 사바하

『나모라 다나다라 야야 나막알야 바로기제

새바라야 사바하』

사방찬 (四方讚)-독송은 하지 않음.

동방에 물뿌리니 도량이맑고

남방에 물뿌리니 청량얻으며

서방에 물뿌리니 정토이루고

북방에 물뿌리니 평안해지네.

도량찬 (道場讚)-독송은 하지 않음.

온도량이 청정하여 티끌없으니

삼보천룡 이도량에 강림하시네

제가이제 묘한진언 외우옵나니

대자대비 베푸시어 가호하소서.

참회게 (懺悔偈)-독송은 하지 않음.

지난세월 제가지은 모든악업은

옛적부터 탐진치로 말미암아서

몸과말과 생각으로 지었사오니

제가이제 모든죄업 참회합니다.

참제업장십이존불(懺除業障十二尊佛)독송은 하지 않음.

나무 참제업장 보승장불

보광왕 화렴조불

일체향화 자재력왕불

백억항하사 결정불

진위덕불

금강견강 소복괴산불

보광월전 묘음존왕불

환희장마니 보적불

무진향 승왕불

사자월불

환희장엄 주왕불

제보당마니 승광불

십악참회(十惡懺悔)독송은 하지 않음.

살생으로 지은죄업 참회합니다.

도둑질로 지은죄업 참회합니다.

사음으로 지은죄업 참회합니다.

거짓말로 지은죄업 참회합니다.

꾸민말로 지은죄업 참회합니다.

이간질로 지은죄업 참회합니다.

악한말로 지은죄업 참회합니다.

탐욕으로 지은죄업 참회합니다.

성냄으로 지은죄업 참회합니다.

어리석어 지은죄업 참회합니다.

오랜세월 쌓인죄업 한생각에 없어지니

마른풀이 타버리듯 남김없이 사라지네.

죄의자성 본래없어 마음따라 일어나니

마음이   사라지면 죄도함께 없어지네.

모든죄가 없어지고 마음조차 사라져서

죄와마음 공해지면 진실한   참회라네

참회진언 (懺悔眞言)

『옴 살바 못자모지 사다야 사바하』(3편)

준제찬 독송은 하지 않음.

준제주는 모든공덕 보고이어라

고요한　　　마음으로　　항상외우면

이세상　　　온갖재난　　침범못하리

하늘이나　　사람이나　　모든중생이

부처님과　　다름없는　　복을받으니

이와같은　　여의주를　　지니는이는

결정코　　　최상의법　　이루오리라.

『나무 칠구지불모대준제보살』(3편)

정법계진언 (淨法界眞言)

『옴 람』(3편)

호신진언 (護身眞言)

『옴 치림』(3편)

관세음보살 본심미묘

육자대명왕진언 (觀世音菩薩本心微妙六字大明王眞言)

『옴 마니 반메 훔』(3편)

준제진언 (准提眞言)

나무 사다남 삼먁삼못다 구치남 다냐타

『옴 자례주례 준제 사바하 부림』(3편)

준제발원 (准提發願)-독송은 하지 않음.

제가이제　준제주를　지송하오니

보리심을　발하오며　큰원세우고

선정지혜　어서속히　밝아지오며

모든공덕　남김없이　성취하옵고

수승한복　두루두루　장엄하오며

모든중생　깨달음을　이뤄지이다.

여래십대발원문 (如來十大發願文)

원하오니　삼악도를　길이여의고

탐진치　삼독심을　속히끊으며

불법승　삼보이름　항상듣고서

계정혜　삼학도를　힘써닦으며

부처님을　따라서　항상배우고

원컨대　보리심에　항상머물며

결정코　극락세계　가서태어나

아미타　부처님을　친견하옵고

온세계　모든국토　몸을나투어

모든중생   빠짐없이   건져지이다.

발사홍서원 (發四弘誓願)

가없는 중생을 건지오리다.

끝없는 번뇌를 끊으오리다.

한없는 법문을 배우오리다.

위없는 불도를 이루오리다.

자성의 중생을 건지오리다.

자성의 번뇌를 끊으오리다.

자성의 법문을 배우오리다.

자성의 불도를 이루오리다.

제가 이제 삼보님께 귀명합니다.

시방세계 부처님께 귀명합니다.

시방세계 가르침에 귀명합니다.

시방세계 스님들께 귀명합니다.

불기 25 년   월   일   사경

우리말 천수경(千手經)

천수경 (千手經)

정구업진언 (淨口業眞言)

『수리수리 마하수리 수수리 사바하』(3편)

오방내외안위제신진언 (五方內外安慰諸神眞言)

『나무 사만다 못다남 옴 도로 도로 지미

사바하』(3편)

개경게 (開經偈)

위없이   심히깊은   미묘한법을

백천만겁   지난들   어찌만나리

제가이제   보고듣고   받아지니니

부처님의   진실한뜻   알아지이다.

개법장진언(開法藏眞言)

『옴 아라남 아라다』(3편)

천수천안 관음보살 광대하고 원만하며

걸림없는 대비심의 다라니를 청하옵니다.

자비로운 관세음께 절하옵나니

크신원력 원만상호 갖추시옵고

천손으로 중생들을 거두시오며

천눈으로 광명비춰 두루살피네.

진실하온 말씀중에 다라니펴고

함이없는 마음중에 자비심내어

온갖소원 지체없이 이뤄주시고

모든죄업 길이길이 없애주시네.

천룡들과 성현들이 옹호하시고

백천삼매 한순간에 이루어지니

이다라니 지닌몸은 광명당이요

이다라니 지닌마음 신통장이라

모든번뇌 씻어내고 고해를건너

보리도의 방편문을 얻게되오며

제가이제 지송하고 귀의하오니

온갖소원 마음따라 이뤄지이다.

자비하신 관세음께 귀의하오니

일체법을 어서속히 알아지이다.

자비하신 관세음께 귀의하오니

지혜의눈 어서어서 얻어지이다.

자비하신 관세음께 귀의하오니

모든중생 어서속히 건네지이다.

자비하신 관세음께 귀의하오니

좋은방편 어서어서 얻어지이다.

자비하신 관세음께 귀의하오니

지혜의배 어서속히 올라지이다.

자비하신 관세음께 귀의하오니

고통바다 어서어서 건너지이다.

자비하신 관세음께 귀의하오니

계정혜를 어서속히 얻어지이다.

자비하신 관세음께 귀의하오니

열반언덕 어서어서 올라지이다.

자비하신 관세음께 귀의하오니

무위집에 어서속히 들어지이다.

자비하신 관세음께 귀의하오니

진리의몸 어서어서 이뤄지이다.

칼산지옥 제가가면 칼산절로 꺾여지고

화탕지옥 제가가면 화탕절로 사라지며

지옥세계 제가가면 지옥절로 없어지고

아귀세계 제가가면 아귀절로 배부르며

수라세계 제가가면 악한마음 선해지고

축생세계 제가가면 지혜절로 얻어지이다.

나무 관세음보살마하살

나무 대세지보살마하살

나무 천수보살마하살

나무 여의륜보살마하살

나무 대륜보살마하살

나무 관자재 보살마하살

나무 정취 보살마하살

나무 만월 보살마하살

나무 수월 보살마하살

나무 군다리 보살마하살

나무 십일면 보살마하살

나무 제대 보살마하살

『나무 본사아미타불』(3편)

신묘장구 대다라니 (神妙章句大陀羅尼)

나모 라다나 다라야야 나막알약 바로기제 새

바라야 모지사다바야 마하사다바야 마하가

로 니가야 옴 살바 바예수 다라나 가라야 다

사명 나막 까리다바 이맘알야 바로기제 새바

라 다바 니라간타 나막하리나야 마발다 이사

미 살발타 사다남 수반아예염 살바보다남 바

바마라 미수다감 다냐타 옴 아로계 아로가

마지로가 지가란제 혜혜하례 마하모지 사다

바 사마라 사마라 하리나야 구로구로 갈마

사다야 사다야 도로도로 미연제 마하미연제

다라다라 다린 나례 새바라 자라자라 마라미

마라 아마라 몰제예혜혜 로계새바라 라아 미

사미 나사야 나베사미사미 나사야 모하자라

미사미 나사야 호로호로 마라호로 하례 바나

마나바 사라사라 시리시리 소로소로 못쟈못

쟈 모다야 모다야 매다리야 니라간타 가마사

날사남 바라하라나야 마낙 사바하 싯다야 사

바하 마하싯다야 사바하 싯다유예 새바라야

사바하 니라간타야 사바하 바라하 목카싱하

목카야 사바하 바나마 하따야 사바하 자가라

욕다야 사바하 상카섭나네 모다나야 사바하

마하라 구타다라야 사바하 바마사간타 이사

시체다 가릿나 이나야 사바하 먀가라 잘마니

바 사나야 사바하

『나모라 다나다라 야야 나막알야 바로기제

새바라야 사바하』

사방찬 (四方讚)-독송은 하지 않음.

동방에 물뿌리니 도량이맑고

남방에 물뿌리니 청량얻으며

서방에 물뿌리니 정토이루고

북방에 물뿌리니 평안해지네.

도량찬 (道場讚)-독송은 하지 않음.

온도량이 청정하여 티끌없으니

삼보천룡 이도량에 강림하시네

제가이제 묘한진언 외우옵나니

대자대비 베푸시어 가호하소서.

참회게 (懺悔偈)-독송은 하지 않음.

지난세월 제가지은 모든악업은

옛적부터 탐진치로 말미암아서

몸과말과 생각으로 지었사오니

제가이제 모든죄업 참회합니다.

참제업장십이존불(懺除業障十二尊佛)독송은 하지 않음.

나무 참제업장 보승장불

보광왕 화렴조불

일체향화 자재력왕불

백억항하사 결정불

진위덕불

금강견강 소복괴산불

보광월전 묘음존왕불

환희장마니 보적불

무진향 승왕불

사자월불

환희장엄 주왕불

제보당마니 승광불

십악참회(十惡懺悔)독송은 하지 않음.

살생으로 지은죄업 참회합니다.

도둑질로 지은죄업 참회합니다.

사음으로 지은죄업 참회합니다.

거짓말로 지은죄업 참회합니다.

꾸민말로 지은죄업 참회합니다.

이간질로 지은죄업 참회합니다.

악한말로 지은죄업 참회합니다.

탐욕으로 지은죄업 참회합니다.

성냄으로 지은죄업 참회합니다.

어리석어 지은죄업 참회합니다.

오랜세월 쌓인죄업 한생각에 없어지니

마른풀이 타버리듯 남김없이 사라지네.

죄의자성 본래없어 마음따라 일어나니

마음이 사라지면 죄도함께 없어지네.

모든죄가 없어지고 마음조차 사라져서

죄와마음 공해지면 진실한 참회라네

참회진언 (懺悔眞言)

『옴 살바 못자모지 사다야 사바하』(3편)

준제찬 독송은 하지 않음.

준제주는 모든공덕 보고이어라

고요한	마음으로	항상외우면
이세상	온갖재난	침범못하리
하늘이나	사람이나	모든중생이
부처님과	다름없는	복을받으니
이와같은	여의주를	지니는이는
결정코	최상의법	이루오리라.

『나무 칠구지불모대준제보살』(3편)

정법계진언 (淨法界眞言)

『옴 람』(3편)

호신진언 (護身眞言)

『옴 치림』(3편)

관세음보살 본심미묘

육자대명왕진언 (觀世音菩薩本心微妙六字大明王眞言)

『옴 마니 반메 훔』(3편)

준제진언 (准提眞言)

나무 사다남 삼먁삼못다 구치남 다냐타

『옴 자례주례 준제 사바하 부림』(3편)

준제발원 (准提發願) -독송은 하지 않음.

제가이제	준제주를	지송하오니
보리심을	발하오며	큰원세우고
선정지혜	어서속히	밝아지오며
모든공덕	남김없이	성취하옵고
수승한복	두루두루	장엄하오며
모든중생	깨달음을	이뤄지이다.

여래십대발원문 (如來十大發願文)

원하오니	삼악도를	길이여의고
탐진치	삼독심을	속히끊으며
불법승	삼보이름	항상듣고서
계정혜	삼학도를	힘써닦으며
부처님을	따라서	항상배우고
원컨대	보리심에	항상머물며
결정코	극락세계	가서태어나
아미타	부처님을	친견하옵고
온세계	모든국토	몸을나투어

모든중생   빠짐없이   건져지이다.

발사홍서원 (發四弘誓願)

가없는 중생을 건지오리다.

끝없는 번뇌를 끊으오리다.

한없는 법문을 배우오리다.

위없는 불도를 이루오리다.

자성의 중생을 건지오리다.

자성의 번뇌를 끊으오리다.

자성의 법문을 배우오리다.

자성의 불도를 이루오리다.

제가 이제 삼보님께 귀명합니다.

시방세계 부처님께 귀명합니다.

시방세계 가르침에 귀명합니다.

시방세계 스님들께 귀명합니다.

불기 25 년   월   일   사경

우리말 천수경(千手經)

천수경(千手經)

정구업진언(淨口業眞言)

『수리수리 마하수리 수수리 사바하』 (3편)

오방내외안위제신진언(五方內外安慰諸神眞言)

『나무 사만다 못다남 옴 도로 도로 지미

사바하』(3편)

개경게(開經偈)

위없이	심히깊은	미묘한법을
백천만겁	지난들	어찌만나리
제가이제	보고듣고	받아지니니
부처님의	진실한뜻	알아지이다.

개법장진언 (開法藏眞言)

『옴 아라남 아라다』 (3편)

천수천안 관음보살 광대하고 원만하며

걸림없는 대비심의 다라니를 청하옵니다.

　　자비로운 관세음께 절하옵나니

　　크신원력 원만상호 갖추시옵고

　　천손으로 중생들을 거두시오며

　　천눈으로 광명비춰 두루살피네.

　　진실하온 말씀중에 다라니펴고

　　함이없는 마음중에 자비심내어

　　온갖소원 지체없이 이뤄주시고

　　모든죄업 길이길이 없애주시네.

　　천룡들과 성현들이 옹호하시고

　　백천삼매 한순간에 이루어지니

　　이다라니 지닌몸은 광명당이요

　　이다라니 지닌마음 신통장이라

　　모든번뇌 씻어내고 고해를건너

보리도의 방편문을 얻게되오며

제가이제 지송하고 귀의하오니

온갖소원 마음따라 이뤄지이다.

자비하신 관세음께 귀의하오니

일체법을 어서속히 알아지이다.

자비하신 관세음께 귀의하오니

지혜의눈 어서어서 얻어지이다.

자비하신 관세음께 귀의하오니

모든중생 어서속히 건네지이다.

자비하신 관세음께 귀의하오니

좋은방편 어서어서 얻어지이다.

자비하신 관세음께 귀의하오니

지혜의배 어서속히 올라지이다.

자비하신 관세음께 귀의하오니

고통바다 어서어서 건너지이다.

자비하신 관세음께 귀의하오니

계정혜를 어서속히 얻어지이다.

자비하신 관세음께 귀의하오니

열반언덕 어서어서 올라지이다.

자비하신 관세음께 귀의하오니

무위집에 어서속히 들어지이다.

자비하신 관세음께 귀의하오니

진리의몸 어서어서 이뤄지이다.

칼산지옥 제가가면 칼산절로 꺾여지고

화탕지옥 제가가면 화탕절로 사라지며

지옥세계 제가가면 지옥절로 없어지고

아귀세계 제가가면 아귀절로 배부르며

수라세계 제가가면 악한마음 선해지고

축생세계 제가가면 지혜절로 얼어지이다.

나무 관세음보살마하살

나무 대세지보살마하살

나무 천수보살마하살

나무 여의륜보살마하살

나무 대륜보살마하살

나무 관자재보살마하살

나무 정취보살마하살

나무 만월보살마하살

나무 수월보살마하살

나무 군다리보살마하살

나무 십일면보살마하살

나무 제대보살마하살

『나무 본사아미타불』(3편)

신묘장구 대다라니 (神妙章句大陀羅尼)

나모 라다나 다라야야 나막알약 바로기제 새

바라야 모지사다바야 마하사다바야 마하가

로 니가야 옴 살바 바예수 다라나 가라야 다

사명 나막 까리다바 이맘알야 바로기제 새바

라 다바 니라간타 나막하리나야 마발다 이사

미 살발타 사다남 수반아예염 살바보다남 바

바마라 미수다감 다냐타 옴 아로계 아로가

마지로가 지가란제 혜혜하례 마하모지 사다

바 사마라 사마라 하리나야 구로구로 갈마

사다야 사다야 도로도로 미연제 마하미연제

다리다리 다린 니례 새바라 자라자라 마라미

마라 아마라 몰제예혜혜 로계새바라 라아 미

사미 나사야 나베사미사미 나사야 모하자라

미사미 나사야 호로호로 마라호로 하례 바나

마나바 사라사라 시리시리 소로소로 못쟈못

쟈 모다야 모다야 매다리야 니라간타 가마사

날사남 바라하리나야 마낙 사바하 싯다야 사

바하 마하싯다야 사바하 싯다유예 새바라야

사바하 니라간타야 사바하 바라하 목카싱하

목카야 사바하 바나마 하따야 사바하 자가라

욕다야 사바하 상카섭나네 모다나야 사바하

마하라 구타다라야 사바하 바마사간타 이사

시체다 가릿나 이나야 사바하 먀가라 잘마니

바 사나야 사바하

『나모라 다나다라 야야 나막알야 바로기제

사
경
본

72

새바라야 사바하』

사방찬 (四方讚)-독송은 하지 않음.

동방에 물뿌리니 도량이맑고

남방에 물뿌리니 청량얻으며

서방에 물뿌리니 정토이루고

북방에 물뿌리니 평안해지네.

도량찬 (道場讚)-독송은 하지 않음.

온도량이 청정하여 티끌없으니

삼보천룡 이도량에 강림하시네

제가이제 묘한진언 외우옵나니

대자대비 베푸시어 가호하소서.

참회게 (懺悔偈)-독송은 하지 않음.

지난세월 제가지은 모든악업은

옛적부터 탐진치로 말미암아서

몸과말과 생각으로 지었사오니

제가이제 모든죄업 참회합니다.

참제업장십이존불(懺除業障十二尊佛)독송은 하지 않음.

나무 참제업장 보승장불

보광왕 화렴조불

일체향화 자재력왕불

백억항하사 결정불

진위덕불

금강견강 소복괴산불

보광월전 묘음존왕불

환희장마니 보적불

무진향 승왕불

사자월불

환희장엄 주왕불

제보당마니 승광불

십악참회 (十惡懺悔)독송은 하지 않음.

살생으로 지은죄업 참회합니다.

도둑질로 지은죄업 참회합니다.

사음으로 지은죄업 참회합니다.

거짓말로 지은죄업 참회합니다.

꾸민말로 지은죄업 참회합니다.

이간질로 지은죄업 참회합니다.

악한말로 지은죄업 참회합니다.

탐욕으로 지은죄업 참회합니다.

성냄으로 지은죄업 참회합니다.

어리석어 지은죄업 참회합니다.

오랜세월 쌓인죄업 한생각에 없어지니

마른풀이 타버리듯 남김없이 사라지네.

죄의자성 본래없어 마음따라 일어나니

마음이 사라지면 죄도함께 없어지네.

모든죄가 없어지고 마음조차 사라져서

죄와마음 공해지면 진실한 참회라네

참회진언 (懺悔眞言)

『옴 살바 못자모지 사다야 사바하』(3편)

준제찬 독송은 하지 않음.

준제주는 모든공덕 보고이어라

고요한   마음으로   항상외우면

이세상   온갖재난   침범못하리

하늘이나   사람이나   모든중생이

부처님과   다름없는   복을받으니

이와같은   여의주를   지니는이는

결정코   최상의법   이루오리라.

『나무 칠구지불모대준제보살』(3편)

정법계진언 (淨法界眞言)

『옴 람』(3편)

호신진언 (護身眞言)

『옴 치림』(3편)

관세음보살 본심미묘

육자대명왕진언 (觀世音菩薩本心微妙六字大明王眞言)

『옴 마니 반메 훔』(3편)

준제진언 (准提眞言)

나무 사다남 삼먁삼못다 구치남 다냐타

『옴 자례주례 준제 사바하 부림』(3편)

준제발원 (准提發願)-독송은 하지 않음.

제가이제	준제주를	지송하오니
보리심을	발하오며	큰원세우고
선정지혜	어서속히	밝아지오며
모든공덕	남김없이	성취하옵고
수승한복	두루두루	장엄하오며
모든중생	깨달음을	이뤄지이다.

여래십대발원문 (如來十大發願文)

원하오니	삼악도를	길이여의고
탐진치	삼독심을	속히끊으며
불법승	삼보이름	항상듣고서
계정혜	삼학도를	힘써닦으며
부처님을	따라서	항상배우고
원컨대	보리심에	항상머물며
결정코	극락세계	가서태어나
아미타	부처님을	친견하옵고
온세계	모든국토	몸을나투어

모든중생   빠짐없이   건져지이다.

발사홍서원 (發四弘誓願)

가없는 중생을 건지오리다.

끝없는 번뇌를 끊으오리다.

한없는 법문을 배우오리다.

위없는 불도를 이루오리다.

자성의 중생을 건지오리다.

자성의 번뇌를 끊으오리다.

자성의 법문을 배우오리다.

자성의 불도를 이루오리다.

제가 이제 삼보님께 귀명합니다.

시방세계 부처님께 귀명합니다.

시방세계 가르침에 귀명합니다.

시방세계 스님들께 귀명합니다.

불기 25 년   월   일   사경

우리말 천수경(千手經)

천수경 (千手經)

정구업진언 (淨口業眞言)

『수리수리 마하수리 수수리 사바하』(3편)

오방내외안위제신진언 (五方內外安慰諸神眞言)

『나무 사만다 못다남 옴 도로 도로 지미

사바하』(3편)

개경게 (開經偈)

위없이   심히깊은   미묘한법을

백천만겁   지난들   어찌만나리

제가이제   보고듣고   받아지니니

부처님의   진실한뜻   알아지이다.

개법장진언 (開法藏眞言)

『옴 아라남 아라다』 (3편)

천수천안 관음보살 광대하고 원만하며

걸림없는 대비심의 다라니를 청하옵니다.

자비로운 관세음께 절하옵나니

크신원력 원만상호 갖추시옵고

천손으로 중생들을 거두시오며

천눈으로 광명비춰 두루살피네.

진실하온 말씀중에 다라니펴고

함이없는 마음중에 자비심내어

온갖소원 지체없이 이뤄주시고

모든죄업 길이길이 없애주시네.

천룡들과 성현들이 옹호하시고

백천삼매 한순간에 이루어지니

이다라니 지닌몸은 광명당이요

이다라니 지닌마음 신통장이라

모든번뇌 씻어내고 고해를건너

보리도의 방편문을 얻게되오며

제가이제 지송하고 귀의하오니

온갖소원 마음따라 이뤄지이다.

자비하신 관세음께 귀의하오니

일체법을 어서속히 알아지이다.

자비하신 관세음께 귀의하오니

지혜의눈 어서어서 얻어지이다.

자비하신 관세음께 귀의하오니

모든중생 어서속히 건네지이다.

자비하신 관세음께 귀의하오니

좋은방편 어서어서 얻어지이다.

자비하신 관세음께 귀의하오니

지혜의배 어서속히 올라지이다.

자비하신 관세음께 귀의하오니

고통바다 어서어서 건너지이다.

자비하신 관세음께 귀의하오니

계정혜를 어서속히 얻어지이다.

자비하신 관세음께 귀의하오니

열반언덕 어서어서 올라지이다.

자비하신 관세음께 귀의하오니

무위집에 어서속히 들어지이다.

자비하신 관세음께 귀의하오니

진리의몸 어서어서 이뤄지이다.

칼산지옥 제가가면 칼산절로 꺾여지고

화탕지옥 제가가면 화탕절로 사라지며

지옥세계 제가가면 지옥절로 없어지고

아귀세계 제가가면 아귀절로 배부르며

수라세계 제가가면 악한마음 선해지고

축생세계 제가가면 지혜절로 얻어지이다.

나무 관세음보살마하살

나무 대세지보살마하살

나무 천수보살마하살

나무 여의륜보살마하살

나무 대륜보살마하살

나무 관자재 보살마하살

나무 정취 보살마하살

나무 만월 보살마하살

나무 수월 보살마하살

나무 군다리 보살마하살

나무 십일면 보살마하살

나무 제대 보살마하살

『나무 본사아미타불』(3편)

신묘장구 대다라니 (神妙章句大陀羅尼)

나모 라다나 다라야야 나막알약 바로기제 새

바라야 모지사다바야 마하사다바야 마하가

로 니가야 옴 살바 바예수 다라나 가라야 다

사명 나막 까리다바 이맘알야 바로기제 새바

라 다바 니라간타 나막하리나야 마발다 이사

미 살발타 사다남 수반아예염 살바보다남 바

바마라 미수다감 다냐타 옴 아로계 아로가

마지로가 지가란제 혜혜하례 마하모지 사다

바 사마라 사마라 하리나야 구로구로 갈마

사다야 사다야 도로도로 미연제 마하미연제

다리다리 다린 나례 새바라 자라자라 마라미

마라 아마라 몰제예혜혜 로계새바라 라아 미

사미 나사야 나베사미사미 나사야 모하자라

미사미 나사야 호로호로 마라호로 하례 바나

마나바 사라사라 시리시리 소로소로 못쟈못

쟈 모다야 모다야 매다리야 니라간타 가마사

날사남 바라하리나야 마낙 사바하 싯다야 사

바하 마하싯다야 사바하 싯다유예 새바라야

사바하 니라간타야 사바하 바라하 목카싱하

목카야 사바하 바나마 하따야 사바하 자가라

욕다야 사바하 상카섭나네 모다나야 사바하

마하라 구타다라야 사바하 바마사간타 이사

시체다 가릿나 이나야 사바하 먀가라 잘마니

바 사나야 사바하

『나모라 다나다라 야야 나막알야 바로기제

새바라야 사바하』

사방찬 (四方讚)-독송은 하지 않음.

동방에 물뿌리니 도량이맑고

남방에 물뿌리니 청량얻으며

서방에 물뿌리니 정토이루고

북방에 물뿌리니 평안해지네.

도량찬 (道場讚)-독송은 하지 않음.

온도량이 청정하여 티끌없으니

삼보천룡 이도량에 강림하시네

제가이제 묘한진언 외우옵나니

대자대비 베푸시어 가호하소서.

참회게 (懺悔偈)-독송은 하지 않음.

지난세월 제가지은 모든악업은

옛적부터 탐진치로 말미암아서

몸과말과 생각으로 지었사오니

제가이제 모든죄업 참회합니다.

참제업장십이존불(懺除業障十二尊佛)독송은 하지 않음.

나무 참제업장 보승장불

보광왕 화렴조불

일체향화 자재력왕불

백억항하사 결정불

진위덕불

금강견강 소복괴산불

보광월전 묘음존왕불

환희장마니 보적불

무진향 승왕불

사자월불

환희장엄 주왕불

제보당마니 승광불

십악참회(十惡懺悔)독송은 하지 않음.

살생으로 지은죄업 참회합니다.

도둑질로 지은죄업 참회합니다.

사음으로 지은죄업 참회합니다.

거짓말로 지은죄업 참회합니다.

꾸민말로 지은죄업 참회합니다.

이간질로 지은죄업 참회합니다.

악한말로 지은죄업 참회합니다.

탐욕으로 지은죄업 참회합니다.

성냄으로 지은죄업 참회합니다.

어리석어 지은죄업 참회합니다.

오랜세월 쌓인죄업 한생각에 없어지니

마른풀이 타버리듯 남김없이 사라지네.

죄의자성 본래없어 마음따라 일어나니

마음이 사라지면 죄도함께 없어지네.

모든죄가 없어지고 마음조차 사라져서

죄와마음 공해지면 진실한 참회라네

참회진언 (懺悔眞言)

『옴 살바 못자모지 사다야 사바하』(3편)

준제찬 독송은 하지 않음.

준제주는 모든공덕 보고이어라

고요한	마음으로	항상외우면
이세상	온갖재난	침범못하리
하늘이나	사람이나	모든중생이
부처님과	다름없는	복을받으니
이와같은	여의주를	지니는이는
결정코	최상의법	이루오리라.

『나무 칠구지불모대준제보살』(3편)

정법계진언 (淨法界眞言)

『옴 람』(3편)

호신진언 (護身眞言)

『옴 치림』(3편)

관세음보살 본심미묘

육자대명왕진언 (觀世音菩薩本心微妙六字大明王眞言)

『옴 마니 반메 훔』(3편)

준제진언 (准提眞言)

나무 사다남 삼먁삼못다 구치남 다냐타

『옴 자례주례 준제 사바하 부림』(3편)

준제발원 (准提發願)-독송은 하지 않음.

제가이제	준제주를	지송하오니
보리심을	발하오며	큰원세우고
선정지혜	어서속히	밝아지오며
모든공덕	남김없이	성취하옵고
수승한복	두루두루	장엄하오며
모든중생	깨달음을	이뤄지이다.

여래십대발원문 (如來十大發願文)

원하오니	삼악도를	길이여의고
탐진치	삼독심을	속히끊으며
불법승	삼보이름	항상듣고서
계정혜	삼학도를	힘써닦으며
부처님을	따라서	항상배우고
원컨대	보리심에	항상머물며
결정코	극락세계	가서태어나
아미타	부처님을	친견하옵고
온세계	모든국토	몸을나투어

모든중생   빠짐없이   건져지이다.

발사홍서원 (發四弘誓願)

가없는 중생을 건지오리다.

끝없는 번뇌를 끊으오리다.

한없는 법문을 배우오리다.

위없는 불도를 이루오리다.

자성의 중생을 건지오리다.

자성의 번뇌를 끊으오리다.

자성의 법문을 배우오리다.

자성의 불도를 이루오리다.

제가 이제 삼보님께 귀명합니다.

시방세계 부처님께 귀명합니다.

시방세계 가르침에 귀명합니다.

시방세계 스님들께 귀명합니다.

불기 25 년   월   일   사경

우리말 천수경(千手經)

천수경(千手經)

정구업진언(淨口業眞言)

『수리수리 마하수리 수수리 사바하』(3편)

오방내외안위제신진언(五方內外安慰諸神眞言)

『나무 사만다 못다남 옴 도로 도로 지미

사바하』(3편)

개경게(開經偈)

위없이	심히깊은	미묘한법을
백천만겁	지난들	어찌만나리
제가이제	보고듣고	받아지니니
부처님의	진실한뜻	알아지이다.

개법장진언(開法藏眞言)

『옴 아라남 아라다』(3편)

천수천안 관음보살 광대하고 원만하며

걸림없는 대비심의 다라니를 청하옵니다.

　　자비로운 관세음께 절하옵나니

　　크신원력 원만상호 갖추시옵고

　　천손으로 중생들을 거두시오며

　　천눈으로 광명비춰 두루살피네.

　　진실하온 말씀중에 다라니펴고

　　함이없는 마음중에 자비심내어

　　온갖소원 지체없이 이뤄주시고

　　모든죄업 길이길이 없애주시네.

　　천룡들과 성현들이 옹호하시고

　　백천삼매 한순간에 이루어지니

　　이다라니 지닌몸은 광명당이요

　　이다라니 지닌마음 신통장이라

　　모든번뇌 씻어내고 고해를건너

보리도의 방편문을 얻게되오며

제가이제 지송하고 귀의하오니

온갖소원 마음따라 이뤄지이다.

자비하신 관세음께 귀의하오니

일체법을 어서속히 알아지이다.

자비하신 관세음께 귀의하오니

지혜의눈 어서어서 얻어지이다.

자비하신 관세음께 귀의하오니

모든중생 어서속히 건네지이다.

자비하신 관세음께 귀의하오니

좋은방편 어서어서 얻어지이다.

자비하신 관세음께 귀의하오니

지혜의배 어서속히 올라지이다.

자비하신 관세음께 귀의하오니

고통바다 어서어서 건너지이다.

자비하신 관세음께 귀의하오니

계정혜를 어서속히 얻어지이다.

자비하신 관세음께 귀의하오니

열반언덕 어서어서 올라지이다.

자비하신 관세음께 귀의하오니

무위집에 어서속히 들어지이다.

자비하신 관세음께 귀의하오니

진리의몸 어서어서 이뤄지이다.

칼산지옥 제가가면 칼산절로 꺾여지고

화탕지옥 제가가면 화탕절로 사라지며

지옥세계 제가가면 지옥절로 없어지고

아귀세계 제가가면 아귀절로 배부르며

수라세계 제가가면 악한마음 선해지고

축생세계 제가가면 지혜절로 얼어지이다.

나무 관세음보살마하살

나무 대세지보살마하살

나무 천수보살마하살

나무 여의륜보살마하살

나무 대륜보살마하살

나무 관자재보살마하살

나무 정취보살마하살

나무 만월보살마하살

나무 수월보살마하살

나무 군다리보살마하살

나무 십일면보살마하살

나무 제대보살마하살

『나무 본사아미타불』(3편)

신묘장구 대다라니 (神妙章句大陀羅尼)

나모 라다나 다라야야 나막알약 바로기제 새

바라야 모지사다바야 마하사다바야 마하가

로 니가야 옴 살바 바예수 다라나 가라야 다

사명 나막 까리다바 이맘알야 바로기제 새바

라 다바 니라간타 나막하리나야 마발다 이사

미 살발타 사다남 수반아예염 살바보다남 바

바마라 미수다감 다냐타 옴 아로계 아로가

마지로가 지가란제 혜혜하례 마하모지 사다

바 사마라 사마라 하리나야 구로구로 갈마

사다야 사다야 도로도로 미연제 마하미연제

다라다라 다린 나례 새바라 자라자라 마라미

마라 아마라 몰제예혜혜 로계새바라 라아 미

사미 나사야 나베사미사미 나사야 모하자라

미사미 나사야 호로호로 마라호로 하례 바나

마나바 사라사라 시리시리 소로소로 못쟈못

쟈 모다야 모다야 매다리야 니라간타 가마사

날사남 바라하리나야 마낙 사바하 싯다야 사

바하 마하싯다야 사바하 싯다유예 새바라야

사바하 니라간타야 사바하 바라하 목카싱하

목카야 사바하 바나마 하따야 사바하 자가라

욕다야 사바하 상카섭나네 모다나야 사바하

마하라 구타다라야 사바하 바마사간타 이사

시체다 가릿나 이나야 사바하 먀가라 잘마니

바 사나야 사바하

『나모라 다나다라 야야 나막알야 바로기제

새바라야 사바하』

사방찬 (四方讚)-독송은 하지 않음.

동방에 물뿌리니 도량이맑고

남방에 물뿌리니 청량얻으며

서방에 물뿌리니 정토이루고

북방에 물뿌리니 평안해지네.

도량찬 (道場讚)-독송은 하지 않음.

온도량이 청정하여 티끌없으니

삼보천룡 이도량에 강림하시네

제가이제 묘한진언 외우옵나니

대자대비 베푸시어 가호하소서.

참회게 (懺悔偈)-독송은 하지 않음.

지난세월 제가지은 모든악업은

옛적부터 탐진치로 말미암아서

몸과말과 생각으로 지었사오니

제가이제 모든죄업 참회합니다.

참제업장십이존불(懺除業障十二尊佛)독송은 하지 않음.

나무 참제업장 보승장불

보광왕 화렴조불

일체향화 자재력왕불

백억항하사 결정불

진위덕불

금강견강 소복괴산불

보광월전 묘음존왕불

환희장마니 보적불

무진향 승왕불

사자월불

환희장엄 주왕불

제보당마니 승광불

십악참회(十惡懺悔)독송은 하지 않음.

살생으로 지은죄업 참회합니다.

도둑질로 지은죄업 참회합니다.

사음으로 지은죄업 참회합니다.

거짓말로 지은죄업 참회합니다.

꾸민말로 지은죄업 참회합니다.

이간질로 지은죄업 참회합니다.

악한말로 지은죄업 참회합니다.

탐욕으로 지은죄업 참회합니다.

성냄으로 지은죄업 참회합니다.

어리석어 지은죄업 참회합니다.

오랜세월 쌓인죄업 한생각에 없어지니

마른풀이 타버리듯 남김없이 사라지네.

죄의자성 본래없어 마음따라 일어나니

마음이   사라지면 죄도함께 없어지네.

모든죄가 없어지고 마음조차 사라져서

죄와마음 공해지면 진실한   참회라네

참회진언 (懺悔眞言)

『옴 살바 못자모지 사다야 사바하』(3편)

준제찬 독송은 하지 않음

준제주는 모든공덕 보고이어라

고요한	마음으로	항상외우면
이세상	온갖재난	침범못하리
하늘이나	사람이나	모든중생이
부처님과	다름없는	복을받으니
이와같은	여의주를	지니는이는
결정코	최상의법	이루오리라.

『나무 칠구지불모대준제보살』(3편)

정법계진언 (淨法界眞言)

『옴 람』(3편)

호신진언 (護身眞言)

『옴 치림』(3편)

관세음보살 본심미묘

육자대명왕진언 (觀世音菩薩本心微妙六字大明王眞言)

『옴 마니 반메 훔』(3편)

준제진언 (准提眞言)

나무 사다남 삼먁삼못다 구치남 다냐타

『옴 자례주례 준제 사바하 부림』(3편)

준제발원 (准提發願)-독송은 하지 않음.

제가이제	준제주를	지송하오니
보리심을	발하오며	큰원세우고
선정지혜	어서속히	밝아지오며
모든공덕	남김없이	성취하옵고
수승한복	두루두루	장엄하오며
모든중생	깨달음을	이뤄지이다.

여래십대발원문 (如來十大發願文)

원하오니	삼악도를	길이여의고
탐진치	삼독심을	속히끊으며
불법승	삼보이름	항상듣고서
계정혜	삼학도를	힘써닦으며
부처님을	따라서	항상배우고
원컨대	보리심에	항상머물며
결정코	극락세계	가서태어나
아미타	부처님을	친견하옵고
온세계	모든국토	몸을나투어

모든중생   빠짐없이   건져지이다.

발사홍서원 (發四弘誓願)

가없는 중생을 건지오리다.

끝없는 번뇌를 끊으오리다.

한없는 법문을 배우오리다.

위없는 불도를 이루오리다.

자성의 중생을 건지오리다.

자성의 번뇌를 끊으오리다.

자성의 법문을 배우오리다.

자성의 불도를 이루오리다.

제가 이제 삼보님께 귀명합니다.

시방세계 부처님께 귀명합니다.

시방세계 가르침에 귀명합니다.

시방세계 스님들께 귀명합니다.

불기 25 년   월   일   사경

우리말 천수경(千手經)

천수경(千手經)

정구업진언(淨口業眞言)

『수리수리 마하수리 수수리 사바하』(3편)

오방내외안위제신진언(五方內外安慰諸神眞言)

『나무 사만다 못다남 옴 도로 도로 지미

사바하』(3편)

개경게(開經偈)

위없이   심히깊은   미묘한법을

백천만겁   지난들   어찌만나리

제가이제   보고듣고   받아지니니

부처님의   진실한뜻   알아지이다.

개법장진언(開法藏眞言)

『옴 아라남 아라다』 (3편)

천수천안 관음보살 광대하고 원만하며

걸림없는 대비심의 다라니를 청하옵니다.

자비로운 관세음께 절하옵나니

크신원력 원만상호 갖추시옵고

천손으로 중생들을 거두시오며

천눈으로 광명비춰 두루살피네.

진실하온 말씀중에 다라니펴고

함이없는 마음중에 자비심내어

온갖소원 지체없이 이뤄주시고

모든죄업 길이길이 없애주시네.

천룡들과 성현들이 옹호하시고

백천삼매 한순간에 이루어지니

이다라니 지닌몸은 광명당이요

이다라니 지닌마음 신통장이라

모든번뇌 씻어내고 고해를건너

보리도의 방편문을 얻게되오며

제가이제 지송하고 귀의하오니

온갖소원 마음따라 이뤄지이다.

자비하신 관세음께 귀의하오니

일체법을 어서속히 알아지이다.

자비하신 관세음께 귀의하오니

지혜의눈 어서어서 얻어지이다.

자비하신 관세음께 귀의하오니

모든중생 어서속히 건네지이다.

자비하신 관세음께 귀의하오니

좋은방편 어서어서 얻어지이다.

자비하신 관세음께 귀의하오니

지혜의배 어서속히 올라지이다.

자비하신 관세음께 귀의하오니

고통바다 어서어서 건너지이다.

자비하신 관세음께 귀의하오니

계정혜를 어서속히 얻어지이다.

자비하신 관세음께 귀의하오니

열반언덕 어서어서 올라지이다.

자비하신 관세음께 귀의하오니

무위집에 어서속히 들어지이다.

자비하신 관세음께 귀의하오니

진리의몸 어서어서 이뤄지이다.

칼산지옥 제가가면 칼산절로 꺾여지고

화탕지옥 제가가면 화탕절로 사라지며

지옥세계 제가가면 지옥절로 없어지고

아귀세계 제가가면 아귀절로 배부르며

수라세계 제가가면 악한마음 선해지고

축생세계 제가가면 지혜절로 얻어지이다.

나무 관세음보살마하살

나무 대세지보살마하살

나무 천수보살마하살

나무 여의륜보살마하살

나무 대륜보살마하살

나무 관자재 보살마하살

나무 정취 보살마하살

나무 만월 보살마하살

나무 수월 보살마하살

나무 군다리 보살마하살

나무 십일면 보살마하살

나무 제대 보살마하살

『나무 본사아미타불』(3편)

신묘장구 대다라니 (神妙章句大陀羅尼)

나모 라다나 다라야야 나막알약 바로기제 새

바라야 모지사다바야 마하사다바야 마하가

로 니가야 옴 살바 바예수 다라나 가라야 다

사명 나막 까리다바 이맘알야 바로기제 새바

라 다바 니라간타 나막하리나야 마발다 이사

미 살발타 사다남 수반아예염 살바보다남 바

바마라 미수다감 다냐타 옴 아로계 아로가

마지로가 지가란제 혜혜하례 마하모지 사다

바 사마라 사마라 하리나야 구로구로 갈마

사다야 사다야 도로도로 미연제 마하미연제

다리다리 다린 나례 새바라 자라자라 마라미

마라 아마라 몰제예혜혜 로계새바라 라아 미

사미 나사야 나베사미사미 나사야 모하자라

미사미 나사야 호로호로 마라호로 하례 바나

마나바 사라사라 시리시리 소로소로 못쟈못

쟈 모다야 모다야 매다리야 니라간타 가마사

날사남 바라하리나야 마낙 사바하 싯다야 사

바하 마하싯다야 사바하 싯다유예 새바라야

사바하 니라간타야 사바하 바라하 목카싱하

목카야 사바하 바나마 하따야 사바하 자가라

욕다야 사바하 상카섭나네 모다나야 사바하

마하라 구타다라야 사바하 바마사간타 이사

시체다 가릿나 이나야 사바하 먀가라 잘마니

바 사나야 사바하

『나모라 다나다라 야야 나막알야 바로기제

새바라야 사바하』

사방찬 (四方讚)-독송은 하지 않음.

동방에 물뿌리니 도량이맑고

남방에 물뿌리니 청량얻으며

서방에 물뿌리니 정토이루고

북방에 물뿌리니 평안해지네.

도량찬 (道場讚)-독송은 하지 않음.

온도량이 청정하여 티끌없으니

삼보천룡 이도량에 강림하시네

제가이제 묘한진언 외우옵나니

대자대비 베푸시어 가호하소서.

참회게 (懺悔偈)-독송은 하지 않음.

지난세월 제가지은 모든악업은

옛적부터 탐진치로 말미암아서

몸과말과 생각으로 지었사오니

제가이제 모든죄업 참회합니다.

참제업장십이존불(懺除業障十二尊佛)독송은 하지 않음.

나무 참제업장 보승장불

보광왕 화렴조불

일체향화 자재력왕불

백억항하사 결정불

진위덕불

금강견강 소복괴산불

보광월전 묘음존왕불

환희장마니 보적불

무진향 승왕불

사자월불

환희장엄 주왕불

제보당마니 승광불

십악참회 (十惡懺悔)독송은 하지 않음.

살생으로 지은죄업 참회합니다.

도둑질로 지은죄업 참회합니다.

사음으로 지은죄업 참회합니다.

거짓말로 지은죄업 참회합니다.

꾸민말로 지은죄업 참회합니다.

이간질로 지은죄업 참회합니다.

악한말로 지은죄업 참회합니다.

탐욕으로 지은죄업 참회합니다.

성냄으로 지은죄업 참회합니다.

어리석어 지은죄업 참회합니다.

오랜세월 쌓인죄업 한생각에 없어지니

마른풀이 타버리듯 남김없이 사라지네.

죄의자성 본래없어 마음따라 일어나니

마음이 사라지면 죄도함께 없어지네.

모든죄가 없어지고 마음조차 사라져서

죄와마음 공해지면 진실한 참회라네

참회진언 (懺悔眞言)

『옴 살바 못자모지 사다야 사바하』(3편)

준제찬 독송은 하지 않음.

준제주는 모든공덕 보고이어라

고요한   마음으로   항상외우면

이세상   온갖재난   침범못하리

하늘이나   사람이나   모든중생이

부처님과   다름없는   복을받으니

이와같은   여의주를   지니는이는

결정코   최상의법   이루오리라.

『나무 칠구지불모대준제보살』(3편)

정법계진언 (淨法界眞言)

『옴 람』(3편)

호신진언 (護身眞言)

『옴 치림』(3편)

관세음보살 본심미묘

육자대명왕진언 (觀世音菩薩本心微妙六字大明王眞言)

『옴 마니 반메 훔』(3편)

준제진언 (准提眞言)

나무 사다남 삼먁삼못다 구치남 다냐타

『옴 자례주례 준제 사바하 부림』(3편)

준제발원 (准提發願)–독송은 하지 않음.

제가이제	준제주를	지송하오니
보리심을	발하오며	큰원세우고
선정지혜	어서속히	밝아지오며
모든공덕	남김없이	성취하옵고
수승한복	두루두루	장엄하오며
모든중생	깨달음을	이뤄지이다.

여래십대발원문 (如來十大發願文)

원하오니	삼악도를	길이여의고
탐진치	삼독심을	속히끊으며
불법승	삼보이름	항상듣고서
계정혜	삼학도를	힘써닦으며
부처님을	따러서	항상배우고
원컨대	보리심에	항상머물며
결정코	극락세계	가서태어나
아미타	부처님을	친견하옵고
온세계	모든국토	몸을나투어

모든중생   빠짐없이   건져지이다.

발사홍서원 (發四弘誓願)

가없는 중생을 건지오리다.

끝없는 번뇌를 끊으오리다.

한없는 법문을 배우오리다.

위없는 불도를 이루오리다.

자성의 중생을 건지오리다.

자성의 번뇌를 끊으오리다.

자성의 법문을 배우오리다.

자성의 불도를 이루오리다.

제가 이제 삼보님께 귀명합니다.

시방세계 부처님께 귀명합니다.

시방세계 가르침에 귀명합니다.

시방세계 스님들께 귀명합니다.

우리말 천수경(千手經)

천수경(千手經)

정구업진언(淨口業眞言)

『수리수리 마하수리 수수리 사바하』(3편)

오방내외안위제신진언(五方內外安慰諸神眞言)

『나무 사만다 못다남 옴 도로 도로 지미

사바하』(3편)

개경게(開經偈)

위없이	심히깊은	미묘한법을
백천만겁	지난들	어찌만나리
제가이제	보고듣고	받아지니니
부처님의	진실한뜻	알아지이다.

개법장진언 (開法藏眞言)

『옴 아라남 아라다』 (3편)

천수천안 관음보살 광대하고 원만하며

걸림없는 대비심의 다라니를 청하옵니다.

자비로운 관세음께 절하옵나니

크신원력 원만상호 갖추시옵고

천손으로 중생들을 거두시오며

천눈으로 광명비춰 두루살피네.

진실하온 말씀중에 다라니펴고

함이없는 마음중에 자비심내어

온갖소원 지체없이 이뤄주시고

모든죄업 길이길이 없애주시네.

천룡들과 성현들이 옹호하시고

백천삼매 한순간에 이루어지니

이다라니 지닌몸은 광명당이요

이다라니 지닌마음 신통장이라

모든번뇌 씻어내고 고해를건너

보리도의 방편문을 열게되오며

제가이제 지송하고 귀의하오니

온갖소원 마음따라 이뤄지이다.

자비하신 관세음께 귀의하오니

일체법을 어서속히 알아지이다.

자비하신 관세음께 귀의하오니

지혜의눈 어서어서 얻어지이다.

자비하신 관세음께 귀의하오니

모든중생 어서속히 건네지이다.

자비하신 관세음께 귀의하오니

좋은방편 어서어서 얻어지이다.

자비하신 관세음께 귀의하오니

지혜의배 어서속히 올라지이다.

자비하신 관세음께 귀의하오니

고통바다 어서어서 건너지이다.

자비하신 관세음께 귀의하오니

계정혜를 어서속히 얻어지이다.

자비하신 관세음께 귀의하오니

열반언덕 어서어서 올라지이다.

자비하신 관세음께 귀의하오니

무위집에 어서속히 들어지이다.

자비하신 관세음께 귀의하오니

진리의몸 어서어서 이뤄지이다.

칼산지옥 제가가면 칼산절로 꺾여지고

화탕지옥 제가가면 화탕절로 사라지며

지옥세계 제가가면 지옥절로 없어지고

아귀세계 제가가면 아귀절로 배부르며

수라세계 제가가면 악한마음 선해지고

축생세계 제가가면 지혜절로 얼어지이다.

나무 관세음보살마하살

나무 대세지보살마하살

나무 천수보살마하살

나무 여의륜보살마하살

나무 대륜보살마하살

나무 관자재보살마하살

나무 정취보살마하살

나무 만월보살마하살

나무 수월보살마하살

나무 군다리보살마하살

나무 십일면보살마하살

나무 제대보살마하살

『나무 본사아미타불』(3편)

신묘장구 대다라니 (神妙章句大陀羅尼)

나모 라다나 다라야야 나막알약 바로기제 새

바라야 모지사다바야 마하사다바야 마하가

로 니가야 옴 살바 바예수 다라나 가리야 다

사명 나막 까리다바 이맘알야 바로기제 새바

라 다바 니라간타 나막하리나야 마발다 이사

미 살발타 사다남 수반아예염 살바보다남 바

바마라 미수다감 다냐타 옴 아로계 아로가

마지 로가 지가란제 혜혜하례 마하모지 사다

바 사마라 사마라 하리나야 구로구로 갈마

사다야 사다야 도로도로 미연제 마하미연제

다라다라 다린 나례 새바라 자라자라 마라미

마라 아마라 몰제예혜혜 로계새바라 라아 미

사미 나사야 나베사미사미 나사야 모하자라

미사미 나사야 호로호로 마라호로 하례 바나

마나바 사라사라 시리시리 소로소로 못쟈못

쟈 모다야 모다야 매다리야 니라간타 가마사

날사남 바라하리나야 마낙 사바하 싯다야 사

바하 마하싯다야 사바하 싯다유예 새바라야

사바하 니라간타야 사바하 바라하 목카싱하

목카야 사바하 바나마 하따야 사바하 자가라

욕다야 사바하 상카섭나네 모다나야 사바하

마하라 구타다라야 사바하 바마사간타 이사

시체다 가릿나 이나야 사바하 먀가라 잘마니

바 사나야 사바하

『나모라 다나다라 야야 나막알야 바로기제

사
경
본

120

새바라야 사바하』

사방찬 (四方讚)-독송은 하지 않음.

동방에 물뿌리니 도량이 맑고

남방에 물뿌리니 청량얻으며

서방에 물뿌리니 정토이루고

북방에 물뿌리니 평안해지네.

도량찬 (道場讚)-독송은 하지 않음.

온도량이 청정하여 티끌없으니

삼보천룡 이도량에 강림하시네

제가이제 묘한진언 외우옵나니

대자대비 베푸시어 가호하소서.

참회게 (懺悔偈)-독송은 하지 않음.

지난세월 제가지은 모든악업은

옛적부터 탐진치로 말미암아서

몸과말과 생각으로 지었사오니

제가이제 모든죄업 참회합니다.

참제업장십이존불(懺除業障十二尊佛) 독송은 하지 않음.

나무 참제업장 보승장불

보광왕 화렴조불

일체향화 자재력왕불

백억항하사 결정불

진위덕불

금강견강 소복괴산불

보광월전 묘음존왕불

환희장마니 보적불

무진향 승왕불

사자월불

환희장엄 주왕불

제보당마니 승광불

십악참회(十惡懺悔) 독송은 하지 않음.

살생으로 지은죄업 참회합니다.

도둑질로 지은죄업 참회합니다.

사음으로 지은죄업 참회합니다.

거짓말로 지은죄업 참회합니다.

꾸민말로 지은죄업 참회합니다.

이간질로 지은죄업 참회합니다.

악한말로 지은죄업 참회합니다.

탐욕으로 지은죄업 참회합니다.

성냄으로 지은죄업 참회합니다.

어리석어 지은죄업 참회합니다.

오랜세월 쌓인죄업 한생각에 없어지니

마른풀이 타버리듯 남김없이 사라지네.

죄의자성 본래없어 마음따라 일어나니

마음이 사라지면 죄도함께 없어지네.

모든죄가 없어지고 마음조차 사라져서

죄와마음 공해지면 진실한 참회라네

참회진언 (懺悔眞言)

『옴 살바 못자모지 사다야 사바하』(3편)

준제찬 - 독송은 하지 않음.

준제주는 모든공덕 보고이어라

고요한　　　마음으로　　항상외우면

이세상　　　온갖재난　　침범못하리

하늘이나　　사람이나　　모든중생이

부처님과　　다름없는　　복을받으니

이와같은　　여의주를　　지니는이는

결정코　　　최상의법　　이루오리라.

『나무 칠구지불모대준제보살』(3편)

정법계진언 (淨法界眞言)

『옴 람』(3편)

호신진언 (護身眞言)

『옴 치림』(3편)

관세음보살 본심미묘

육자대명왕진언 (觀世音菩薩本心微妙六字大明王眞言)

『옴 마니 반메 훔』(3편)

준제진언 (准提眞言)

나무 사다남 삼먁삼못다 구치남 다냐타

『옴 자례주례 준제 사바하 부림』(3편)

준제발원 (准提發願)-독송은 하지 않음.

제가이제	준제주를	지송하오니
보리심을	발하오며	큰원세우고
선정지혜	어서속히	밝아지오며
모든공덕	남김없이	성취하옵고
수승한복	두루두루	장엄하오며
모든중생	깨달음을	이뤄지이다.

여래십대발원문 (如來十大發願文)

원하오니	삼악도를	길이여의고
탐진치	삼독심을	속히끊으며
불법승	삼보이름	항상듣고서
계정혜	삼학도를	힘써닦으며
부처님을	따라서	항상배우고
원컨대	보리심에	항상머물며
결정코	극락세계	가서태어나
아미타	부처님을	친견하옵고
온세계	모든국토	몸을나투어

모든중생   빠짐없이   건져지이다.

발사홍서원 (發四弘誓願)

가없는 중생을 건지오리다.

끝없는 번뇌를 끊으오리다.

한없는 법문을 배우오리다.

위없는 불도를 이루오리다.

자성의 중생을 건지오리다.

자성의 번뇌를 끊으오리다.

자성의 법문을 배우오리다.

자성의 불도를 이루오리다.

제가 이제 삼보님께 귀명합니다.

시방세계 부처님께 귀명합니다.

시방세계 가르침에 귀명합니다.

시방세계 스님들께 귀명합니다.

불기 25 년   월   일   사경

사 경 본
우리말 천수경

2014(불기2558)년 3월 20일 초판 1쇄 발행
2024(불기2568)년 6월 13일 초판 7쇄 발행

편 집 · 편 집 실
발행인 · 김 동 금
만든곳 · 우리출판사

서울특별시 서대문구 경기대로9길 62
☎ (02)313-5047, 313-5056
Fax. (02)393-9696
wooribooks@hanmail.net
www.wooribooks.com
등록 : 제9-139호

ISBN 978-89-7561-317-3 13220

* 본 사경집은 대한불교조계종 우리말 의례문에 따랐습니다.

정가 6,000원